subsuelo // subsoil

subsuelo // subsoil

an intervened cento // un centón intervenido

creado por // created by:
EL L¡BROTORIO [¡!] PR!NT RUN + friends

New York

subsuelo // subsoil

an intervened cento by EL L¡BROTORIO [¡!] PR!NT RUN + friends

lovingly licensed under the creative commons attribution-noncommercial-noderivatives 4.0 international license

biglove to all who entered *subsuelo // subsoil* and left a mark including *mk, da, om, bnt, rg, mhwl, cndi, jp, etc.* ...<3

original iterations of four of the convocentos included in *subsuelo // subsoil* were featured in Arteidolia's "swifts & slows: a quarterly of crisscrossings," June 2022. many thanks for trusting in these collaborative texts!

book design by:
ryan greene + Arteidolia Press

cover unearthed by:
maryhope|whitehead|lee + ryan greene + Arteidolia Press

ARTEIDOLIA PRESS
New York, N.Y.
arteidolia.com/arteidolia-press

first edition, 2024
library of congress control number: 2023922288
isbn: 979-8-9889702-2-4

looking to listen?

a multi-voiced audio recording of *subsuelo // subsoil*
is available for free at
www.fiikbooks.org/rove/subsuelo

¿apeteces audio?

una grabación plurivoceada de *subsuelo // subsoil*
está disponible gratis en
www.fiikbooks.org/rove/subsuelo

subsuelo // subsoil is/was -

a rhizomatic patchwork. uncentered. interfluxing. alive.

a mixing of what we heard, what we read, what we said.

a way to see what our language was (shaped by).

or rather...something. some thing.

the "we" here, unfixed. though at the level of instigation, "we" meant (and still means) maryhope|whitehead|lee, claudia nuñez de ibieta, and ryan greene, the co-conspirators behind EL L¡BROTORIO [¡!] PR!NT RUN, a roving open-air book lab in the phoenix metro area which is a project of F*%K IF I KNOW//BOOKS.[1] our instigation took the form of an invitation, and so naturally our "we" expanded.

during april (national poetry month) of twntytwntytwo, we shared an open document called *subsuelo // subsoil* where we invited our communit[y/ies] to create an intervened cento with us. by this we meant a composite text where lines from existing poems could live alongside (and interlace themselves with) newly created lines. a shifting document where mutation was encouraged and fidelity de-prioritized. contributors to the document could leave their initials at the top or remain anonymous. engagement ranged from small modifications to lengthier and iterative (re)writings over the course of several weeks.

though traditionally centos are interested in faithful attribution, here our goal was more adulterous. as frequent collaborators in co-translation, we often delight in the

subsuelo // subsoil es/fue -

un entrelazado de retazos rizomáticos. descentrado. en flux. vivo.

una mezcla de lo que escuchábamos, lo que leíamos, lo que decíamos.

una manera de ver la forma de (y lo que formaba) nuestra lengua.

o sea...algo. alguna cosa.

la palabra "nosotres" aquí, cambiante. pero al nivel de la instigación, "nosotres" significaba (y todavía significa) maryhope|whitehead|lee, claudia nuñez de ibieta, y ryan greene, co-conspiradores de EL LiBROTORIO [¡!] PR!NT RUN, un laboratorio móvil de libros al aire libre en el área metropolitana de Phoenix, que es un proyecto de F*%K IF I KNOW//BOOKS.[1] nuestra instigación tomó la forma de una invitación, y naturalmente "nosotres" nos expandimos.

durante abril (el mes nacional de la poesía) de vntivntidos, compartimos un documento abierto llamado *subsuelo // subsoil* donde invitábamos a nuestra[s] comunidad[es] a crear un *centón intervenido* con nosotres. nos referimos a un texto compuesto donde versos de poemas existentes podrían convivir (y entrelazarse) con versos de nueva creación. un documento movedizo donde la mutación se celebraba y la fidelidad se despriorizaba. persona que contribuía al documento podía dejar sus iniciales al principio o permanecer anónime. la participación iba desde pequeñas modificaciones a (re)escrituras extensas e iterativas durante varias semanas.

multiplicity of mouths cacophonizing within seeming singularity. even in supposedly "untranslated" texts, we know that polyphony abounds. as mónica de la torre puts it in her poetics statement for the *angels of the americlypse* anthology, "…voice necessarily ventriloquizes, necessarily voices." in other words, speech as cento. tongue as tongues.

our invitation to *subsuelo // subsoil* was made in the hopes of foregrounding (and thereby celebrating) this mingled voicing. the document served as a recorder, gathering the asynchronous chorus of the poems in our ears, the texts on our minds, the words flowing through our communit[y/ies] and into a shared digital space. it also became a home for several "convocentos" (conversational centos)[2] created through a process of "transcriptional poetics" that has emerged as a part of EL L¡BROTORIO [¡!] PR!NT RUN.

as to the identity of the centoed sources themselves, we maintain a position of simultaneous doubt, suspicion, and joy: *doubt* because, given the openness of our invitation, we do not have (and, in fact, cannot create) a full tally of all the phrases drawn from existing texts; *suspicion* because, while we believe in the power and importance of attribution, we are also skeptical of the urge toward (and belief in) "certainty" through comprehensive cataloguing; and *joy* because, like kameelah janan rasheed, we delight in the "leakiness" of intertextual relationships and the honesty of not knowing.

aunque tradicionalmente los centones tienen interés en la atribución fiel, aquí nuestra meta fue más adultera. como colaboradores frecuentes en la co-traduccion, solemos deleitarnos con la multiplicidad de bocas que cacofonizan dentro de una aparente singularidad. aún en los textos supuestamente "no traducidos", sabemos que la polifonía abunda. como dice mónica de la torre en su declaración poética para la antología *angels of the americlypse*, "...la voz necesariamente ventriloquiza, necesariamente da voz". es decir, el habla como centón. la lengua como lenguas.

extendimos la invitación a *subsuelo // subsoil* con la esperanza de destacar (y así celebrar) esta voz entremezclada. el documento sirvió como una grabadora, juntando el coro asíncrono de los poemas en nuestros oídos, los textos en nuestras mentes, las palabras que fluían por nuestra[s] comunidad[es] y hacia un espacio digital compartido. también se convirtió en un hogar para varios "convocentones"[2] (centones conversacionales) creados por un proceso de una "poética transcripcional" que ha brotado de EL LiBROTORIO [¡!] PR!NT RUN.

acerca de la identidad de las fuentes centonadas, mantenemos una posición de duda, sospecha, y deleite simultáneos: *duda* porque, dada la naturaleza abierta de nuestra invitación, no tenemos (ni podemos crear) un recuento completo de todas las frases extraídas de textos existentes; *sospecha* porque, aunque creemos en el poder y la importancia de la atribución, también somos escéptiques del deseo por (y la creencia en) "la certeza" a través de la catalogación comprensiva; y *deleite* porque,

here, though, is a partial (and gratitude-filled) listing of writers, texts, and conversations whose language seeped its way into *subsuelo // subsoil* --

writers // amber mccrary, oscar mancinas, june powers, jen/eleana hofer, chawa magaña, noa micaela fields, stefania gomez, libba cotton, bojan louis, besmilr brigham, mónica de la torre, fred moten, ross gay, nikky finney, frankétienne, dolores dorantes, giancarlo huapaya, sawako nakayasu, ofelia zepeda, roque raquel salas rivera, sara uribe, jd pluecker, jocelyn samaoya, and more, and more ...

texts // online explanations of dendrochronology, academic articles on environmental racism in south phoenix, research methodologies for otolith dating, a risographed collective zine from the 2019 tijuana zine fest, snippets from the emancipation arts *indiscernibles* anthology, and more, and more ...

conversations // phrases gathered during time spent outside in april with friends and community members at cesar chavez park, at the lip of the 7th avenue pond on the north bank of the rio salado, and at verde park.

the printed book you're holding now is a physical artifact of our digital collaboration. it also serves as a multilingual extension of the original version of *subsuelo // subsoil*. here, the left-hand pages share the text as it emerged in april twntytwntytwo, while on the right we've

como kameelah janan rasheed, nos deleitamos en la "conpermeabilidad" de las relaciones intertexuales y la honestidad de no saber.

no obstante, he aquí una lista parcial (y llena de gratitud) de escritores, textos, y conversaciones cuyo lenguaje se coló en *subsuelo // subsoil* --

escritores // amber mccrary, oscar mancinas, june powers, jen/eleana hofer, chawa magaña, noa micaela fields, stefania gomez, libba cotton, bojan louis, besmilr brigham, mónica de la torre, fred moten, ross gay, nikky finney, franketienne, dolores dorantes, giancarlo huapaya, sawako nakayasu, ofelia zepeda, roque raquel salas rivera, sara uribe, jd pluecker, jocelyn samaoya, y más, y más ...

textos // explicaciones encontradas en línea sobre dendrocronología, artículos académicos sobre racismo ambiental en el sur de phoenix, metodologías de investigación para la datación de otolitos, un zine colectivo risografiado del tijuana zine fest 2019, fragmentos de la antología *indiscernibles* por emancipation arts, y más, y más...

conversaciones // frases reunidas durante el tiempo compartido al aire libre en abril con amigues y nuestra comunidad en el parque cesar chavez, en el borde del estanque de la 7ª avenida en la orilla norte del río salado, y en el parque verde.

added a corresponding co-translated text where english and spanish switch places.

as you worm your way through this wordworld, we hope that you'll help to keep the soil churning, adding new lines of your own and modifying existing lines as you see fit. may you find life in these poems, and may they find new life in you! <3

----

1. visit www.fiikbooks.org/rove to explore the bilingual digital documentation of EL L¡BROTORIO [¡!] PR!NT RUN, including narrative reflections, scanned collages, photos, audio recordings, and more. a huge thanks to hanan robinson who shared time, creativity, and conversation with us MANY times during our first year of the project - we're delighted to know you! thank you also to the Arizona Commission on the Arts, whose 2021 Artist R&D Grant helped to make EL L¡BROTORIO [¡!] PR!NT RUN a reality.

2. to see scans of the convocentos we created at cesar chavez park along with some reflections on our process of "transcriptional poetics," check out our contribution in the June 2022 *swifts & slows*.

el libro impreso que tienes en tus manos ahora es un artefacto físico de nuestra colaboración digital. también sirve como una extensión multilingüe de la versión original de *subsuelo // subsoil*. aquí, las paginas a la izquierda comparten el texto como surgió en abril vntivntidos, y a la derecha hemos añadido un texto correspondiente y co-traducido donde el inglés y el español cambian de lugar.

mientras vas gusaneando por este palabramundo, esperamos que nos ayudes a seguir agitando la tierra, añadiendo nuevos versos y modificando los ya existentes a tu gusto. ¡que encuentres vida en estos poemas, y que ellos encuentren nueva vida en ti! <3

----
1. visita www.fiikbooks.org/rove para explorar la documentación bilingüe y digital de EL L¡BROTORIO [¡!] PR!NT RUN, con reflexiones narrativas, collages escaneados, fotos, grabaciones de audio, y más. muchísimas gracias a hanan robinson quien compartió espacio, creatividad, y conversación con nosotres MUCHAS veces durante nuestro primer año del proyecto - ¡nos encanta conocerte! gracias también al Arizona Commission on the Arts, cuya Beca Artist R&D en 2021 ayudó a hacer EL L¡BROTORIO [¡!] PR!NT RUN una realidad.

2. para ver escaneos de los convocentones que creamos en el parque cesar chavez junto con unas reflexiones sobre nuestro proceso de "la poética transcripcional", encontrarás nuestra contribución en los *swifts & slows* de junio de 2022.

subsuelo

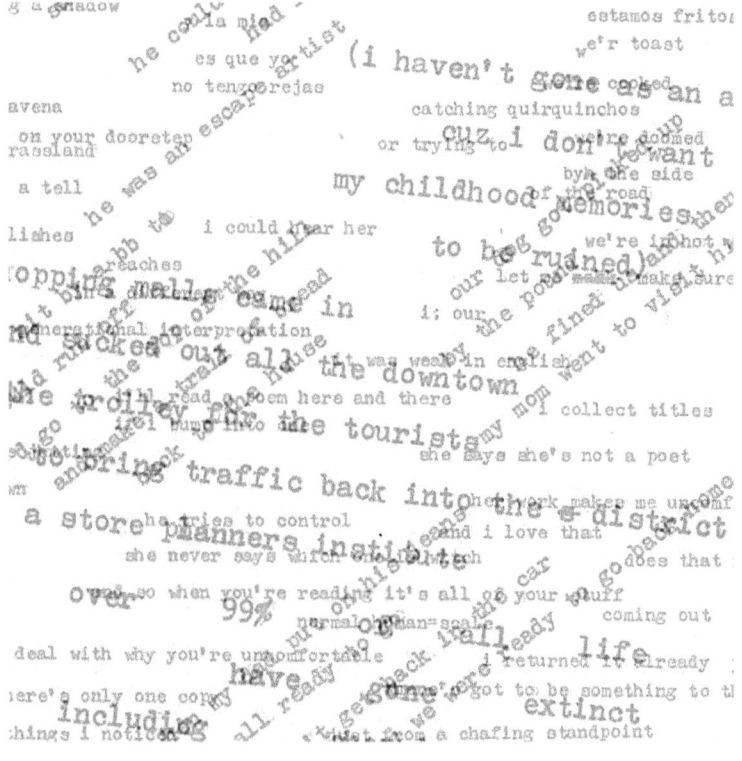

subsoil

¿qué enreda tus raíces?
quizás esta pregunta pueda fundamentarnos.
te invitamos a intervenir. mutando. modificando.
te animamos a añadir versos a este organismo poético colectivo.
un centón es un poema hecho con versos de otros poemas. una colcha. un collage.
/ /
a cento is a poem made of lines from other poems. a quilt. a collage.
we encourage you to add lines to this collective poetic organism.
we invite you to intervene. mutating. modifying.
allow this question to ground us.
what tangles your roots?

i believe in the countless roots of my song
to bring about a kind of surge
not a monologue, but an implied conversation
lilting, my sentences curling
to scrawl on my tongue
multiple, intimate

aquí
me
quedo

creo en las innumerables raíces de mi canto
para provocar una especie de oleada
no un monólogo, pero una conversación implícita
cantarina, mis frases enroscándose
para garabatear en mi lengua
múltiple, intima

here
i
stand

```
        párpados de concreto,            pestañas de hierro
   warm darkness,      a change
            we anticipate
       into                    vision
                        from what had been
           before


                                              backs
                                  and dirt-stained
                                     lips desean
                           enredarse en la red
                              ENTRE FLAGELACIONES
                              COTIDIANAS
         someone asks me     i ask my heart    i ask myself
              ¿de qué oscuridad procede?
```

```
concrete eyelids,              iron eyelashes
  la oscuridad tibia,    un cambio
              anticipado
     hecho                visión
                   de lo que antes
        fue


                              las espaldas
                        y los labios manchados
                           de tierra want
                   to wrap themselves in the web
                         BETWEEN QUOTIDIAN
                           FLAGELATIONS
alguien me pregunta    le pregunto a mi corazón
                          me pregunto a mi misme
      which darkness does it come from?
```

    inquebrantable
the solar winds
                      dying down
        at the edge
     now all the light
             we don't see
more than it all
     all at once
               not comfortable with recording
      rain
  not in but around
                  what the wind did
     the sumac blooms
           filling
       the space between
   highlighting the rupture
      rather than hide
a celebrated scarring
                   a poem in the car
                      waiting

```
      unshakeable
  los vientos solares
                          apagándose
          a la orilla
      ahora toda la luz
                  que no vemos
más que todo
          todo a la vez
                      no cómode con grabar
          la lluvia
      adentro no    sino alrededor
                          lo que hizo el viento
          las flores del zumaque
                          llenando
                  el espacio entremedio
      realzando la ruptura
                  en vez de esconderla
una celebrada cicatriz
                              un poema en el carro
                                  esperando
```

                        dentro del descubrimiento
            quitarse las plumas
                              ships that snaked onto their shores
        came to arizona to pick cotton
                                  the story goes
                    from texarkana
                          to new mexico
i find no subtitles
                                        the warmth of other suns
                     delta blues
            citified
                              in chicago
                                              that's a story
        how it moves
                    en el flujo tridimensional
                                  frente al monitor
            memory's inherent failings
                          not knowing is an unwanted voltage
                una serpiente de polvo
                                        hardening under
                                                their feet
in louisiana the water table is so high
we're up to our knees in remembering   or rather
trying   to remember
our mirrored thoughts bend
a   w   a   y
                    soundbites for short films

        we lose a football field every minute or something
                                                something

                    within discovery
            feather plucking
                        barcos que serpenteaban en sus orillas
llegaban a arizona a recoger algodón
                            dice la historia
            de texarkana
                    a nuevo méxico
no encuentro subtítulos
                                el calor de otros soles
                el blues delta
        urbanizado
                            en chicago
                                    eso es una historia
        cómo se mueve
                    through the tridimensional flux
                            facing the monitor
        los fallos inherentes a la memoria
                    el no saber es un voltaje indeseado
            a snake of dust
                                    endureciéndose bajo
                                                sus pies
en luisiana el nivel freático es tan alto
que estamos hasta nuestras rodillas en recordar   o sea
tratando   de recorder
nuestros pensamientos   espejos   se doblan
a   l   e   j   á   n   d   o   s   e
            frases publicitarias para cortometrajes

        perdemos un campo de fútbol cada minuto o algo
                                                algo

```
          xipe totec
                    that flayed god
          some exist with closed eyes
                                some let their jealousy eat
                                them alive
                    some want to hear you
                         love them
all is a river
                         waiting for rain
                                   that was a river in pain
          she growls again
    i remember    1997
              what the heck were we doing?
        water so low you can see
                                     the drowned canyonlands
        boats per capita in arizona
                                    the ducks like sailboats
                         bobbing in the wind
i bet they have a word for that
                                   liberation and seasons
                    life
                              death
              a rebirth                         that's when
                                      crucifictions happen
```

```
   xipe totec
              ese dios despellejado
      algunes existen con los ojos cerrados
                          algunes dejan que sus celos
                   les coman
              algunes quieren escucharte
                     decir que les amas
todo es un rio
                 esperando la lluvia
                          eso era un rio dolorido
       ella gruñe de nuevo
    yo recuerdo     1997
            ¿qué diablos estábamos haciendo?
    el agua tan baja que puedes ver
                           las cañonlandias ahogados
    lanchas per cápita en arizona
                          los patos como veleros
                meciéndose en el viento
seguro que tienen una palabra para eso
                     liberación y estaciones
                 vida
                     muerte
           un renacimiento              es cuando
                 las crucificciones ocurren
```

    in the middle of the yard   like a cactus tree
       watching my shadow
 the sun doing its job   but she's so busy being free
                      i'm not gonna say anything
 she performs this ritual daily
never lessens the harsh preparation for absence
                      words
               i don't want to us[e]

looking for something,
what can it be?
                 i am on a lonely road and i am
                         traveling

en el medio del patio   como un árbol cactus
      mirando mi sombra
el sol haciendo su trabajo   pero ella está tan ocupada
                                    con su libertad
                           no voy a decir nada
   ella realiza este ritual a diario
nunca suaviza la dura preparación para la ausencia
                                palabras
                         no quiero usar[te]

buscando algo,
¿qué será?
                         estoy en un camino solitario y soy
                                 viajere

                & i won't let you forget

     todos aquí
    iremos desapareciendo

                history emerges from each object

si nadie   nos busca

                       repetition as an opportunity
                              to be with
                                (y)our self

      si nadie   nos nombra

                    nothing   happens
             only when it happens

                    & no te dejaré olvidar

     all of us here
 will gradually disappear

                 la historia brota de cada objeto

if nobody   searches for us

                la repetición como una oportunidad
                      de estar con
                  une(s) misme

      if nobody   names us

                   nada   pasa
             sólo cuando pasa

                    we shake our bodies

how long have we been searching
our fingers have lost their edge

                our roots are a tangled m(æ)ss

    it's time to plow

                        antemañana o pasadoayer

    sway to joints
        lilt to hips

                    we shake our bodies

                                                the
                                             rhythm
                                      finding a home
                                  in those small bones
            fill the room
                uninterrupted

            our roots have no beginning and no end

body when bathed

                                    the sound all around
                        blanketing

        an inside thing

                    agitamos nuestros cuerpos

cuánto tiempo llevamos buscando
nuestros dedos han perdido su filo

             nuestras raíces son un lío lioso

     es hora de arar

                    pretomorrow or postyesterday

    articulaciones oscilando
       caderas en cadencia

                    agitamos nuestros cuerpos

                                            el
                                      ritmo
                               habitando
                      esos pequeños huesos
       llenar el salón
            sin interrupción

          nuestras raíces no tienen ni principio ni fin

cuerpo al bañarse

                        el sonido por todos lados
              envolviendo

    una cosa interna

we let our dreams marinate inside our heads

radiating

out from within

a, a candle in the rain

a glow

dejamos remojar los sueños en nuestras cabezas

irradiando

desde adentro hacia afuera

una, una vela en la lluvia

un brillo

    observation of sky or fabrics
        what could i plant
    that would sprout memories

                              such a shadowed thirst
                  no matter how
                                    we cling
                  to bleak phosphorescence

        shoulder to shoulder
              thigh to thigh
    harmonics plucked
        like night locusts
in bursts of low clouds

                  if by real   you mean
                      rooted in place[s]
                        swim up then
                      to where birds
                        sudan orinan
                tienen sucias las axilas
                          fly the coop

observación de cielo o tejidos
    qué podría sembrar
que hiciera brotar recuerdos

                    una sed tan ensombrecida
            no importa cómo
                        nos aferremos
            a la sombría fosforescencia

      hombro con hombro
          muslo con muslo
armónicos punteados
      como langostas nocturnas
     en ráfagas de bajas nubes

            si por real   quieres decir
                arraigado en lugar[es]
              sube nadando entonces
                a donde pájaros
              sweat piss
            have grimy pits
                abandonan el nido

                              contaminated heart
                                   hazard space
                         sprawling crisscrossed fate
                       cemented nearly a century ago

                       intentionally permeates
               "naturalized" specific intent to harm

stockyards meat packing & rendering plants brick factories
flour mills fertilizer plants ice factories & food
processing facilities sewage processing plants
     the other side of the tracks a liminal zone a landfill
languishing interstitial areas direct runoff of sewage
into the lowlands of

the contaminated heart

whose racially pure desert utopia is this?
whose dystopia is this deeply entwined inequity where
hazard is ascribed to bodies
   justly rationalized as ugly dirty contaminated
                         impure

                         sequestration + spacial control
                                  = spatial purification

corazón contaminado
espacio de peligro
destino entrecruzado en extensión
cimentado hace casi un siglo

permea a propósito
intención especifico "naturalizado" a dañar

corrales fábricas de faenar y empacar carne fábricas de ladrillos molinos harineros fábricas de fertilizantes fábricas de hielo e instalaciones de procesamiento de alimentos plantas de procesamiento de aguas residuales
    al otro lado de las vías una zona liminal un vertedero áreas intersticiales languidecientes dirigen la escorrentía de aguas residuales hacia las tierras bajas del

corazón contaminado

¿de quién es esta desértica y racialmente pura utopía?
¿de quién es esta distopía entrelazada de inequidad donde el peligro se le asigna a los cuerpos
    racionalizados justamente como feos sucios contaminados
impuros

secuestro + control espacial
= purificación espacial

                    cleansed of disease crime & moral corruption
walled out . . . the miasma of menace
the contamination & pollution
            the congestion of unfortunates
            the congestion of a contaminated heart

pestilential runoff
a dumping ground for privileged waste

fulfilling the prophecies
of degradation and dereliction of
                            the contaminated heart

    limpio de enfermedad crimen & corrupción moral
<u>ex</u>cerrado . . . el miasma de amenaza
la contaminación & polución
    la congestión de desafortunades
    la congestión de un corazón contaminado

escorrentía pestífera
un basural para desecho privilegiado

cumpliendo las profecías
de la degradación y deterioro del
         corazón contaminado

look at the things
you don't see
an animal still evolving
a dark bedroom
a flagpole ringed with light

numerous trills
on an axis
the needs identified
a private outpouring
a moment - a sign

el cuerpo se me cae
below the scent
de mi pueblo
una lámpara legítima
la exactitud central

an aqua-colored jewel
bajo la luna se rompió
glitter dust
sweet water
miro hacia arriba

sometimes it was enough
parentheses at the corners
una sombra permanente
dirty windows
blue sky behind

mira las cosas
que no ves
un animal aún evolucionando
un cuarto oscuro
una asta anillada de luz

trinos numerosos
en un eje
las necesidades identificadas
una efusión privada
un momento - una señal

my body is drooping
bajo el aroma
of my people
a legitimate lamp
the central precision

una joya color aguamarina
broke beneath the moon
polvo de purpurina
agua dulce
i look up

a veces era suficiente
paréntesis en las esquinas
a permanent shadow
ventanas sucias
cielo celeste del otro lado

                        the sky disintegrates. condensation
            brings us together. evaporation. water waves goodbye &
            goes to meet the sky. nos vemos más al rato. llueve.

         i spake as a child
    miraculously lost
                         & somehow found

                                        the bodies
                                                            were
                                the name   being devoured
         the air sweet   bounced and crested
    and heavy
                                        it's about daughters
                              mystical skin
                                                a red red want
         psychosis creams the air
      laughter could never have been more serious

                el cielo se desintegra. la condensación
        nos une. la evaporación. el agua se despide &
            va a ver el cielo. see ya later. downpour.

    hablaba como una niña
milagrosamente perdida
                & acaso encontrada

                                    los cuerpos
                                                fueron
                        el nombre   siendo devorados
    el aire dulce   rebotó y creció
y pesado
                                se trata de hijas
                        piel mística
                                    un querer rojo rojo
        la psicosis bate en crema el aire
        la risa nunca pudo haber sido más en serio

    even the light
        congealed

                    thirsting river
                          slaked concrete

        a wave of dirt
      slapping the banks

                            styrofoam
                              filigree

    the cart
      the cone

          ask the carp
          and they'll tell you

hasta la luz
    congelada

                río sediento
                      concreto saciado

       una ola de tierra
    abofeteando las orillas

                          filigrana
                          unicel(ular)

    el carrito
      el cono

            pregúntale al pez carpa
            y te contará

```
            the wood just pre/ash
               the flamed air
               post\breath
                    /
                    \
                  smoke


                                  catch myself again
                                          in motion
                                     slipping frame
                                           to frame


                          burning
                   montage
                            gliding past
                from one slick shore
             to the next        visual echo
                        sonic blur


      i never saw
  and yet can see
         you
                                     gone
                     to come    no more
```

```
                    la madera solo pre/ceniza
                        el aire en llamas
                          post\aliento
                               /
                               \
                             humo


                                        de nuevo me encuentro
                                              en movimiento
                                        resbalando de cuadro
                                                    a cuadro


                               montaje
                    ardiendo
                              deslizándose
               de una orilla escurridiza
            a la otra            eco visual
                    desenfoque sónico


         nunca vi
     pero puedo ver
            te
                              ido
                    para no      volver
```

```
                    this position of silence
       clean language      the river that flows thru the city
                         la diferencia
                       entre otras casas
it's casting a shadow                      estamos fritos
               y la mia           we're toast
                  es que yo              we're cooked
                 no tengo rejas
    sopita de avena              catching quirquinchos
an elephant on your doorstep
                              or trying to
       grass vs grassland           we're doomed
                                              by the side
the choices a tell                     of the road
                      i could hear her
our own englishes                   we're in hot water
                  reaches        let me     make sure
taking   in a different way
liberties                     i; our
            generational interpretation
   the only                       it was weak in english
option    i'll read a poem here and there
              if i bump into one     i collect titles
       always jotting            she says she's not a poet
     them down
                              her work makes me uncomfortable
                         he tries to control
 so yes                       and i love that
         she never says which one is witch
                              does that make sense
```

```
                    esta posición de silencio
     lengua limpia      el rio que atraviesa la ciudad
                       the difference
                      between other houses
proyecta una sombra                       we're doomed
                       and mine       estamos al horno
                          is that i         estamos jodidos
                      don't have bars
    oatmeal soup                    atrapando armadillos
un elefante en tu puerta
                              o intentando
        pasto vs pastura              estamos fritos
                                              en la berma
las decisiones una pista          del camino
                 yo alcanzaba a escucharla
nuestro propio español      tenemos el agua al cuello
                 llega        déjame     asegurarme
tomando  de otra forma
libertades                  yo; nuestro
           interpretación generacional
   la única                       era débil en inglés
opción    leeré un poema de vez en cuando
           si me topo con uno     colecciono títulos
    siempre garabateándolos     ella dice que no es poeta
   al calce
                     su trabajo me incomoda
                 él intenta controlar
así que sí                    y eso me gusta mucho
       ella nunca dice qué casa caza
                              ¿eso tiene sentido?
```

not a happy   and so when you're reading
     story   it's all of your stuff
              normal human = scale   coming out
you have to deal with why you're uncomfortable
                              i returned it already
                there's got to be something to this
   there's only one copy
   two things i noticed   just from
women don't wear pantyhose   a chafing standpoint
and they wear open toed shoes

no es una historia   y cuando estás leyendo
    feliz   son todas tus cosas
         humano normal = escala   emergiendo
tienes que afrontar el porqué de tu incomodidad
                               ya lo he devuelto
              tiene que haber algo aquí
  solo hay una copia
 dos cosas que he observado   solo desde
las mujeres no llevan medias   el punto de vista del roce
y llevan zapatos abiertos

                    survived being hit by a car
                                    shot by a bb
                        he could tell if the screen door
                                        had latched or not
                    he was an escape artist
        she got hit by a bb too
                would run off
        we'd go to the top of the hill
                and make a trail of bread
                back to the house
                            our dog got picked up
                        by the pound
                                fined us and then kept him
                            my mom went to visit every day
    when my dad put on his jeans
he'd be panting
            all ready to go
                    wouldn't get back in the car
                        when we were ready to go back home

            nose to the ground
tail as a handle
                    the last resort

                    sobrevivió a un atropello
                              le dispararon un balín
              él podía distinguir si la puerta mosquitera
                         se había cerrado o no
                    era escapista
       ella también fue baleada por un balín
                solía huir
          subíamos a la cima del cerro
                    y dejábamos un caminito de pan
                    hasta la casa
                              nuestro perro fue recogido
                    por la perrera
                         nos multaron y lo encerraron
                    mi mamá iba a visitarlo cada día
        cuando mi papá se ponía los vaqueros
solía jadear
               listo para salir
                    no volvía al coche
                    cuando estábamos listos para volver a casa

             el hocico en el suelo
la cola el mango
                    el último recurso

```
i didn't have to do as much work
              now all the cooking falls on me
        they had more to do with each other than i
                          did with either of them




if you're hungry
             you can tell me that
   i don't know what you want
                    i do not live with you
           my tastebuds as a kid were very different
                       this boy who would eat the bun
                   i think he's still fairly picky
i can't stand it
       it's too meat-like




                   trash cast in bronze
        very professorial in her explanations
        (two fs? or two ss?)




                     (i haven't gone as an adult
                        cuz i don't want
                      my childhood memories
                              to be ruined)
```

no me tocaba tanto trabajo
                    ahora toda la cocina recae en mi
        elles tenían más relación entre elles que yo
                            con cualquier de elles

si tienes hambre
              puedes decírmelo
  no sé qué quieres
                  no vivo contigo
            mis papilas gustativas eran muy distintos
                    este chico que se comería el bollo
        creo que aún es bastante regodeón con la comida
no lo puedo aguantar
    es demasiado como la carne

                desechos fundidos en bronce
            muy profesoral en sus explicaciones
        (¿dos efes? ¿o dos eses?)

                (no he ido de adulto
                        pq no quiero
                    que se arruinen
                            mis recuerdos de infancia)

41

   when shopping malls came in
       and sucked out all the downtown
  built the trolly for the tourists
         to bring traffic back into the district
he went to a store planners institute

        over   99%   of   all   life   forms
            have   gone   extinct
      including   shopping   malls

cuando llegaron los centros comerciales
     y chuparon la vida a todo el centro
construyeron el trolebús para les turistas
          para revivir el tráfico en la zona
él asistió a un instituto de planificadores de tiendas

        más   del   99%   de   las   formas   de   vida
                     se   han   extinguido
             incluso   los   centros   comerciales

to feel home in a place that never was
some of this the imperial body
the part that passes and the part that doesn't pass
throat tongue reflexes lacking though
hungry for trees that nurtured you
and the beloved mother who gathered fruit
cut the flower before harvest
fried and boiled the pana
sat with you looking out por las rejas
teeth broad sunk into flesh color bright a sun warmed
the juices so sweet
let to run down our chins, gather at cracks between fingers
i still pray our prayers over a teal plastic cross
but i am learning also how to come back
clean the panteón then
push my hands through the mameyes river waters
lotioned ankles catching gold
asking other gods back to my mouth

sentirse en casa en un lugar que nunca lo fue
algo de esto el cuerpo imperio
la parte que sí passes y la parte que no passes
garganta lengua reflejos insuficientes pero
con hambre de los árboles que te criaron
y la madre querida quien recogía las frutas
cortaba la flor antes de la cosecha
freía y hervía la pana
sentada contigo mirando through the railings
dientes anchos hundidos en la carne
color brillante un sol calentando
los jugos tan dulces
dejados escurrir por nuestras barbillas,
acumular en grietas entre dedos
aún rezo nuestras oraciones
sobre una cruz de plástico verde azulada
pero también estoy aprendiendo cómo volver
limpiar el panteón luego
empujar mis manos por las aguas del río mameyes
tobillos encremados atrapando oro
pidiéndole a otros dioses volver a mi boca

I was choking yesterday   from a weed
                     wrapped around my throat
that no one could see but me   and a few elders of the
            community and they smiled
   at my growth opportunity and I smiled
                         at my acceptance
 of death and then the weed released me
    leaving me speechless   in the sudden expanse
    of being mortal in a magical atmosphere that changes
sunlight   into appetizers

ayer me atraganté   con una hierba
                        enroscada alrededor de mi cuello
que nadie más veía salvo yo   y unos ancianos de la
                comunidad y se sonrieron
    con mi oportunidad de crecimiento y yo me sonreí
                                con mi aceptación
 de la muerte y luego la hierba me soltó
    dejándome sin palabras   en la repentina vastedad
    de ser mortal en una mágica atmósfera que transforma
los rayos del sol   en canapés

```
            planetary
           skin food
           the feel
        incremental &
          then someday
             i'll be
                burned right
              rubbed purple
             changing
```

```
    alimento planetario
   para la piel
      el tacto
incremental &
   entonces algún día
        seré
            debidamente quemade
          frotade morade
       cambiante
```

pure VHS
bouquet spun
belt catholic
counting un-
interrupted
re-rosary
amen

pause

susp-
ended bead
i'm not even
post-_____
but love the
flickered
loop

puro ramo
de VHS cinturón
hilado católico
contando sin
interrumpir
re-rosario
amén

pausa

cuenta
suspendida
ni siquiera soy
post-_____
pero me gusta
el bucle par-
padeante

```
             . neon chrysalis
             . hot goo pre-winged
             . current coursing
              . slow / grasp
               . air born
                . but
-_-_- . no glass
                . eye
              . see/thing
             . heart break
            . warm shimmy me
           . melting electric
             . well / hunger
```

. crisálida de neón
. goo caliente pre-alado
. corriente en curso
. lento / apretón
. aire aéreo
. pero
-_-_- . sin vidrio
. ojo
. hir/viendo
. corazón roto
. contoneo cálido yo
. fundente eléctrique
. bien / hambre

i walk through my
old house every
broken burn &
crack i find
the coldest
feeling i
just can'
t take
it an
y m
or
e

camino por mi antigua
casa cada quemadura
rota y grieta con
que me topo la
sensación más
fría simple-
mente ya
no pue
do m
ás

        clod
       caked &
     chip-nailed
    sunken hands
       digging
         with
          aa
          ss
          pp
          oo
          oo
          nn

en-
lodadas y
con las uñas
astilladas las
manos hundidas
cavando con
una
cc
uu
cc
hh
aa
rr
aa

                    snail shells
                crushing snail shells
               like textual appendages
              because the world returns   ¡ ¡
             indiscriminate fuming pissed off
    ..   … . … battered away re-abandoned ravenous   o

				caracoles
			triturando caracoles
		como apéndices textuales
	   porque el mundo retorna ¡ ¡
	 indiscriminado enojado con mala leche
.. … . … maltratado re-abandonado muerto de hambre   o

when it was
occupied / certain
events / changes /
around its center
/ the climate / the
past / specific
samples / labeled
patterns lining up
/ particular match
/ each year cut out
/ what to do /
moments achieved /
activity a circle
/ your story /
thicker memories /
landmarks moving /
the lines continue
/ comparative
impacts / between
core / a
simulation

cuando estaba ocupado / ciertos eventos / cambios / alrededor de su centro / el clima / el pasado / muestras específicas / patrones etiquetados alineándose / una correspondencia particular / cada año recortado / qué hacer / momentos logrados / actividad un círculo / tu historia / recuerdos más espesos / hitos en movimiento / las líneas siguen / impactos comparativos / entre núcleo / un simulacro

organic chronometers via synchronous growth
the hard parts incrementally accreted
limited by some aspect -> hence hindcast
annulic record tree-ringed into bone

cronómetros orgánicos vía el crecimiento sincrónico
las partes duras acrecentado incrementalmente
limitados por algún aspecto -> por eso postnóstico
registro anúlico arbolado en hueso

slipping
falling
transparent plastic
smeared
illuminated
too late now
to appear

i guess
we couldn't get
ugly
our hairs
collective
weaving
woven

scrubbing the flesh
surviving on stars

our vision
rented
together
public

deslizando
cayendo
plástico transparente
embadurnado
iluminado
demasiado tarde
para aparecer

supongo que
no podríamos volvernos
horribles
nuestros pelos
colectivos
tejiendo
tejidos

restregando la carne
sobreviviendo con las estrellas

nuestra visión
alquilada
en común
pública

    below us
  under the water
 shimmer and jump
   we need, tenderly

            huddled together
         we are too large to eat
            harder to chew

   when you start swimming
  and the metaphor's seaweed
         sailors' palms
         outstretched
          searching

                in the middle,
                  the shape of a room,
                clutched, felt,
                 throb as high
                    as the water
                       rising

    debajo de nosotres
  bajo el agua
brillar y saltar
    necesitamos, tiernamente

                amontonado juntes
          somos demasiado grandes para comer
            más difíciles de masticar

    cuando empiezas a nadar
y la metáfora son las algas marinas
        las palmas de los marineros
          extendidas
         buscando

                    al centro,
                      la forma de un cuarto,
                aferrada, sentida,
                latido tan alto
                    como el agua
                      que sube

      a faux beach
    stolen cobalt
        last residue
            rotting dank -
                sublime
              reminder

before the rain
    a world
  cold and wind
i was
certain
  chance slash
  the sky
groaning
heaving
struck
    raw

                    i vanish
                    growing
                    shadows

       una falsa playa
    cobalto robado
          último residuo
              pudriendo fangoso -
                    recordatorio
              sublime

antes de la lluvia
        un mundo
   frio y viento
yo estaba
 cierte
   azar tajo
 el cielo
gimiente
 jadeando
  golpeado
      abierto

                desvanezco
                me crecen
                 sombras

yesterday
we watched
the ground

husks, weevils
a crustacean
without its shell

lips can say anything
heaving magma
another bruise

we
a beautiful eruption
a thousand thousand wor[m|d]s

ayer
mirábamos
el suelo

cáscaras, gorgojos
un crustáceo
sin caparazón

los labios pueden decir todo
magma hirviente
otro moretón

nosotres
una bella erupción
miles de miles de palabra[íce]s

www.ingramcontent.com/pod-product-compliance
Lightning Source LLC
LaVergne TN
LVHW041306080426
835510LV00009B/879